für Didi,

mit allen guten Wünschen!

Februar 2004 Herzlich
Max Hari

MAX HARI

Die Überarbeitungen
und
Werke 1994–2003

Mit Beiträgen
von Lukas Gloor und Peter Killer

Stämpfli Verlag AG

Die Überarbeitungen

Lukas Gloor

«Malerei, um die Malerei zu verlassen» – als Arnulf Rainer 1952 dieses Programm proklamierte, war die abstrakte Malerei eben dabei, endgültig zum Zeitstil zu avancieren, und die Avantgarde von einst bezog ihre Position auf dem Feldherren-Hügel der klassischen Moderne. Vorderhand ging es allerdings noch keineswegs um das Auslöschen des gemalten Bildes, sondern es folgte ein Jahrzehnt, das uns heute im Rückblick wie ein letztes Schwelgen im sinnlichen Reiz von Pigment und Form erscheinen will: Abstract Expressionism, Action Painting, Informel. Eine Generation später, in einer Zeit der sich auflösenden linearen Vorstellung von Kunstgeschichte, sind solche Schlagworte bestenfalls noch Orientierungshilfen von abnehmender Verbindlichkeit. Umso bedeutungsvoller ist es also, wenn Max Hari die zuvor spielerisch an Postkarten mit sizilianischen Landschaften erprobte Technik der Überarbeitung 1986 plötzlich auf Vorlagen anwendet, die den bilderstürmerischen Arnulf Rainer in einer intensiven Auseinandersetzung mit Vincent van Gogh zeigen. «Max Hari ... als Arnulf Rainer ... als van Gogh ... als ...» – da wird offenbar die Abfolge der Malschichten unvermittelt ganz historisch aufgefasst, und selbst der unbefangene Betrachter erkennt hinter dem malenden Zeitgenossen eine ganze Ahnenreihe, die ihm, den Pinsel in der Hand, über die Schulter blickt. Offen bekennt sich hier ein Künstler unserer Gegenwart zu Vorbildern, die für ihn wichtig waren. Es mag darum angemessen sein, zur vertieften Betrachtung von Max Haris «Überarbeitungen und Nachmalereien» ein paar ganz klassisch-kunsthistorische Überlegungen anzustellen.

Max Haris Beschäftigung mit Künstlerkollegen verläuft seit zwanzig Jahren zwischen zwei Polen: der Arbeit am Bild bestimmter Künstler, wie es uns aus Foto- und Textdokumenten überliefert ist, und der Antwort auf ganz bestimmte Bilder bestimmter Künstler. Dazwischen schieben sich Mischformen wie etwa die 15-teilige Serie «Briefe an van Gogh» von 1990 (Abb. 2–5). Wohl für alle Zeit bleibt unsere Vorstellung von van Gogh durch die mit dem Bruder gewechselte Korrespondenz bestimmt, und es ist also kein Zufall, wenn gerade sie zu einer Antwort in Farbe und Form herausfordert, die programmatisch über Reproduktionen aus dem Arnulf-Rainer-van-Gogh-Katalog ausgeführt werden und dabei ikonische Erinnerungen an das Leben des Holländers zwischen Sonnenblume und abgeschnittenem Ohr durchaus zulassen. Aus dem gleichen Jahr 1990 stammen auch Max Haris Überarbeitungen von Herbert Matters berühmter Fotografie, die Alberto Giacometti mit dem in die Hand gestützten Kopf zeigt (Abb. 6) – Ergebnis eines längeren Aufenthaltes in Berlin, wo die Atmosphäre der Grossstadt zum vertrauten Umgang mit den Protagonisten der neueren, überwiegend in Grossstädten entstandenen Kunstgeschichte anregt. Mit Giacometti weiss sich Max Hari einig im unablässigen Bemühen um die menschliche Figur, auch wenn der Ältere in der zeichenhaften Reduktion seiner grau gemalten Bilder ganz andere Wege einschlägt. Doch auch als einer der am meisten fotografierten Künstler des 20. Jahrhunderts ist Alberto Giacometti beispielgebend, beliebtes Sujet für Fotografen, die ihrerseits zu den Grossen auf ihrem Gebiet zählen. Und so antwortet Max Hari auf das Vorbild, indem er auf das Bild reagiert, das der Künstler der Welt von seiner Person und seiner Existenz vorhält.

Die Ikonographie des Künstlers hat im 19. Jahrhundert ihren Ursprung und Höhepunkt zugleich erfahren, was nicht erstaunt für eine Zeit, welche die historische Weltdeutung an die Stelle schwindender metaphysischer Gewissheit setzte. Topoi des Künstlerlebens, von der Erkennung natürlicher Begabung bis zur Anerkennung durch die Mächtigen der Welt, aber auch von der Verkennung durch die unverständigen Zeitgenossen, fanden eingängige Illustration in Momentaufnahmen aus dem Leben der Alten Meister. Cimabue, der den zeichnenden Hirtenknaben Giotto auf einem Spaziergang entdeckt, Tizian, der sich von Kaiser Karl dem Fünften den zu Boden gefallenen Pinsel aufheben lässt, aber auch der dem Wahnsinn verfallene Hugo van der Goes bevölkerten fortan die Salons und die Phantasie des Bildungsbürgers und gaben dem wohligen Schauer Nahrung, den das Jahrhundert beim Blick auf den Abgrund zwischen Künstler und Bürger obsessiv pflegte. Mit den allzu kostümseligen Auswüchsen des Genres räumte die Moderne seit 1900 zwar ebenso nüchtern auf wie mit den anderen Historienschinken aus einer plötzlich weit zurückliegenden Zeit. Doch traten jetzt an die Stelle der legendären Meister der Vergangenheit die lebenden Klassiker, die ihren Auftritt als Künstler ebenso absolut setzten wie ihr Werk und zur Selbstdarstellung den Fotografen in ihren Dienst nahmen. Zahllose Atelier-Aufnahmen ergänzten nun die Aussagen der Bilder und brachten sie zuweilen so stimmig auf den Punkt wie die Tulpe in Mondrians Pariser Arbeitsraum.

Die Unbefangenheit, mit der sich Max Hari solchen Bildern stellt und die ihn frei hält von aller Verkrampfung angesichts der kunsthistorischen Vergangenheit, hat ihren schönsten Ausdruck in der Serie «Hodler als ...» gefunden, die 1991 entstanden ist. Die Folge von 15 überarbeiteten Fotos gerät Max Hari zu einer intensiven Interpretation, in der sich die Deutung von Ferdinand Hodlers Werk und die markanten Züge seiner Künstler-Vita gegenseitig durchdringen. Ein grosser Teil der zugrunde liegenden Aufnahmen wurden in den Jahren 1916/17 von der Solothurner Sammlerin Gertrud Müller gemacht, die im Umgang am Stativ ihr emanzipiertes Leben ebenso bewies wie mit dem ersten im Kanton Solothurn auf eine Frau eingetragenen Automobil, in dem sie Hodler zuweilen zum «Landschaften» fuhr. Hier gerät nun Max Haris eigene Biografie ins Spiel: Auch in der zweiten Hälfte des 20. Jahrhunderts entkommt keiner, der sich im schweizerischen Kanton Bern mit bildender Kunst beschäftigt, auf Dauer dem übermächtigen Vorbild des einstigen Nationalmalers. «Hodler als Ich» (Abb. 7), das einzige Blatt der Serie, das ausser den in Acrylfarbe, Tinte, Tusche, Fettstiften und Abschleifungen über den vergrösserten Fotografien ausgeführten Überarbeitungen zusätzliche Collage einfügt und Hodlers Kopf unter einer Röntgenfolie verschwinden lässt, radikalisiert den Aspekt des Kampfes mit dem Übervater und kehrt ihn zur eigentlichen Introspektion um. Doch dann folgen Kommentare zu einzelnen Bildmotiven, die mit sparsamen Mitteln unmittelbar anrührend gestaltet sind (Abb. 8–12): «Hodler als Nacht», wo das lauernde Gespenst des Alptraums den vor dem Spiegel Arbeitenden mit einem Mal sorgsam umfängt, «Hodler als Zorniger» in Erinnerung an das Selbstbildnis im Berner Kunstmuseum, «Hodler als Valentine», in Anspielung auf den Zyklus von Liebe und Tod Valentine Godé-Darels mit den roten Rosen aus einem ihrer letzten Porträts versehen, «Hodler als Parallelist», das den Maler vor dem Wandbild «Blick in die Unendlichkeit» zeigt, über dem die schwindende Energie seiner letzten Jahre so zerrann wie das über den Figuren angedeutete Wasser. Am packendsten verdichtet sich die Übermalung im Blatt «Hodler als Breithorn» zur Werkinterpretation: Verschmitzt blickt der Maler zwischen Wolkendecke und Bergmassiv hindurch, das seiner breitschultrigen Figur eingeschrieben ist und damit an das oft vorgetragene Deutungsmuster erinnert, wonach Hodler den von ihm gemalten Bergen eine eigene Persönlichkeit zu geben verstand. In dem für den Zyklus zentralen Blatt «Hodler als Janus» (Abb. 13) stellt Max Hari dann gemaltes und fotografiertes Profil einander gegenüber und wendet sein Interesse besonderen Aspekten von Hodlers Wesen zu (Abb. 14–19). Zunächst erscheint der Maler als Arbeiter, als Liebhaber, als Trommler (Abb. 20) in verschiedenen Posen, dann aber sehen wir auch «Hodler als Felsen», auf den die Schweizer Malerei der Zeit damals baute, «Hodler als Dürer» mit der Frontalität des Christus-Kopfes und dem heiligen Ernst, der Hodler eigen sein konnte, wenn ihn nicht gerade weltliche Lustbarkeiten zerstreuten. In «Hodler als Hodler» und «Hodler als Zeitgenosse» vollzieht Max Hari die schrittweise Aneignung des grossen Malers über den zeitlichen Abstand hinweg. «Hodler als Denkmal» schliesslich könnte auch als Titel für die ganze Serie stehen, mit der Max Hari die gedanken- und anspielungsreiche Würdigung eines grossen Werkes mitsamt den menschlichen Schwächen und Stärken seines Autors gelungen ist.

Ferdinand Hodler, Selbstbildnis, lächelnd, 1916, Kunstmuseum Winterthur

Ferdinand Hodler, Das Breithorn, 1911, Kunstmuseum St. Gallen

Hodler als Breithorn, 1991, Privatbesitz

Mehr als jedes andere lässt das Motiv des Denkmals erkennen, dass die Übermalungen im Gesamtwerk nicht isoliert dastehen, sondern dass sie die Beschäftigung mit Themen reflektieren, die Max Hari gleichzeitig auf anderen Ebenen verfolgt. Denkmal-Bilder und Totenmaskenbälle (Abb. 1) kreisen um Fragestellungen ähnlicher Art, indem sie das Erinnern als Voraussetzung für das Erlebnis des eigenen Daseins in der Geschichte anschaulich machen. Das aus bildlichen Quellen genährte historische Erinnern bildet auch Gegenstand der bisher monumentalsten Beschäftigung Max Haris mit der Ikonographie des Künstlers: das im Zusammenhang mit der Ausstellung «Aufgedeckt – Aufgetischt» im Kunsthaus Langenthal realisierte Leinwandbild «Farbe essen» von 1995 (Abb. 21). Anregung für die Komposition waren Briefstellen, in denen Theo van Gogh den kranken Bruder Vincent beschwört, während seiner Anfälle auf das Malen mit Ölfarben zu verzichten und lieber zu zeichnen – offensichtlich hatte sich van Gogh so intensiv mit seiner Malerei identifiziert, dass er zuweilen die giftigen Pigmente geschluckt hatte. Zur visuellen Umsetzung des literarischen Vorwurfs griff Max Hari auf ein verblüffendes Dokument zurück: eine anonyme Fotografie, die angeblich Vincent van Gogh von hinten wiedergibt und die neben einer Jugendaufnahme das einzige fotografische Dokument ist, das den bekanntesten Künstler des 19. Jahrhunderts zeigt oder zu zeigen vorgibt. Diese Fotografie, die sich schon durch die Art einprägt, mit der sie die kahle Trostlosigkeit des Pariser Stadtrandes einfängt, bot Max Hari Anlass zur Entwicklung einer vielschichtigen Ikonographie. Der dünne Baumstamm, der die Fotografie dominiert, dient ihm in der spiegelbildlichen Umkehrung als vertikale Gliederung, welche zwei querformatige Leinwände zum Triptychon zusammenfasst. Der rechte Flügel zeigt die Fotografie in starker Übermalung, während links der Titel der Serie von 1990, «Lieber Vincent», gleichzeitig auf van Goghs Briefe als die Quelle unserer Kenntnis und auf den Künstler selbst verweist. Das auf der Foto erkennbare Restaurant kehrt im Mittelfeld von Max Haris Bild zitatweise wieder als rot-weiss-kariertes Tischtuch mit Teller und Löffel, aber auch den Farbtuben, deren giftigen Inhalt sich der Künstler einverleibt hatte – wobei offen bleibt, ob das real geschah oder in der Legende, die van Gogh von Anfang an umgab. Das nicht oder nur ansatzweise existierende Bild vom Künstler überlagert unsere Kenntnis von den tatsächlich existierenden Bildern des Künstlers und wird zum Kern einer neuen Interpretation, die Max Hari umso eingängiger gelingt, als sie sich jeder illustrativen Bildlichkeit verweigert.

Anonyme Fotografie, um 1887, V. van Gogh und E. Bernard bei Asnières

Nicht so sehr die Beschäftigung mit dem Bild vom Künstler als die Antwort auf Bilder des Künstlers steht im Mittelpunkt der zwei Serien, die 1996 und 1998 entstanden sind: «Mit Cézanne im Gespräch» (Abb. 22–26) und «Dialog mit Claude Lorrain» (Abb. 27–31). Beiden dienen farbige Reproduktionen von Landschafts-Aquarellen und Tuschpinselzeichnungen als Ausgangspunkt, die Max Hari mit Acryl, Fettstift und Tusche erweitert. Viele Jahre zuvor hatte das Erlebnis der mediterranen Natur und Sonne Max Hari nahe gelegt, die auf einer nordischen Sensibilität aufbauende malerische Beschäftigung mit der Landschaft abrupt zu beenden. Zahlreiche Studien und Bilder wurden verbrannt und gaben damit den Weg frei für das seither geführte Zwiegespräch mit der menschlichen Figur. Viel später erst wies die Erfahrung des Todes im engsten Kreis wieder in die andere Richtung, und die Natur gab sich als das zu erkennen, was weiterlebte und sich zur erneuerten Zwiesprache anbot. Für den Weg dorthin Begleiter zu suchen, lag umso näher, als es galt, bei Vergangenem anzuknüpfen und einen abgerissenen Faden wieder aufzugreifen. Paul Cézanne, der sein Künstlerleben der Suche nach den Formeln widmete, unter denen die Natur mit ihrer Darstellung zur Deckung zu bringen war, bot sich als Erster an, Claude Lorrain, welcher der Natur mit dem Tuschpinsel Geheimnisse entlockte, die er später unter der geglätteten Oberfläche seiner klassisch-barocken Ölbilder geflissentlich verbarg, folgte ihm, um den Jüngeren in ein hingetuschtes Arkadien zu entführen. Die Bildtitel des Cézanne-Zyklus verraten das anfängliche Zögern vor der Zumutung, die alten Meister weiterzumalen: «Behutsame Annäherung», «Erlaubte Ergänzung», «Hommage». Doch je mehr sich Max Hari auf das Wagnis einlässt, desto mehr entwickelt sich ein wirklicher Dialog, Rede und Widerrede, Replik und Duplik. Da weitet er zunächst die Bildränder zaghaft aus, indem er die in der Vorlage enthaltenen Formen aufgegreift, weiterführt und zum Echo ausbildet. Dann werden kontrapunktische Gegenvorschläge aufgestellt: die in der Tiefe angedeuteten Bäume erhalten Gegenstücke, die ganz aus der Nähe gesehen sind und aus neuem Terrain wachsen, das Bergmassiv wird zur Bergkette umgedeutet. Schliesslich folgen «Eingriffe»: Cézannes luftiges Astwerk wird zum Dickicht, Lorrains Waldlichtung zum düsteren Hohlweg. Zuletzt schafft Max Hari dann eigentliche Alternativen: Cézannes Frühlings-Bäume tauchen in herbstliches Rot und Gelb, Lorrains Campagna-Bäume verlieren sich unter einem dichten Formgeflecht von ganz eigener Dynamik und «werden dadurch zu Kippbildern, die mehr über unterschiedliche Wahrnehmungsarten offenbaren als über die Topografie der römischen Landschaft um 1650», wie der Künstler selbst formulierte. In den mit Paul Cézanne und Claude Lorrain geführten Gesprächen offenbart sich der Charakter von Max Haris Positionsbezug in der Kunstgeschichte am deutlichsten. Nicht um eine beschwörende Berufung auf Vorbilder in der Art des Historismus geht es ihm, bei dem die anerkannten Meister der Vergangenheit das kühne Tun des Nachgeborenen zu rechtfertigen hatten, sondern darum, sich auf Werke einzulassen, die sich Max Hari primär als Farbe und Form offenbaren und ihn darum auch souverän über den Unterschied zwischen natürlicher Form und künstlerisch Geformtem hinweggehen lassen. Das Sich-Einlassen auf die Welt braucht vor nichts Halt zu machen, und am allerwenigsten vor den Schöpfungen der Vergangenheit, in denen andere Künstler mit anderen Mitteln die Spannung zwischen dem Wirklichkeitsbegriff ihrer Zeit und der individuellen Wahrnehmung zu lösen versucht haben.

LIEBER
VINCEN
T

LIEBER
VINCENT

LIEBER
VINCENT

LIEBER
VINCENT

2 3 4 5

LIEBER
VINCENT

VINS

22 23 24 25

27 28 29 30

Der Wahrnehmung ein Gesicht geben

Peter Killer im Gespräch mit Max Hari im Juli 2003

Mit dem Slogan «beglückendes Tun» warben die Malschulen einst für ihre Kurse. Als wie «beglückend» erfährst du deine Arbeit im Atelier?
Glücksgefühle, Heureka-Erfahrungen beschert mir das Malen nur ganz, ganz selten. Es tönt pathetisch: Das Malen ist eben tatsächlich meist ein Ringen und Kämpfen. Wühlen, einen Weg suchen, zurück- und vorwärtsgehen, alles riskieren und alles wagen, Entscheidungen fällen, und dies alles, um am Ende, wenn es denn zum Ende und nicht nur zum Abbruch kommt, die vorübergehende Klarheit zu haben, dass das Gewordene nur punktuell für mich Gültigkeit haben kann. Dabei lebe ich die ganze Gefühlsskala durch, von Entmutigung, Blockierung, Verzweiflung bis zu Hoffnung und Euphorie.

Wie weit spiegelt sich die äussere Welt in deinen Arbeiten?
Der wichtigste Teil meiner Arbeit passiert ausserhalb des Ateliers. Beim Wahrnehmen, beim Sich-auf-die-Welt-Einlassen. Diese Wahrnehmung ist nicht bloss ein visueller Prozess, sondern ein ganzheitlicher, der alle Sinne betrifft. Meine Wahrnehmung entspricht nur ganz selten den lustvollen Augenerlebnissen, wie man sie gelegentlich in Malertagebüchern aufgezeichnet findet. Sie ist eher schmerzhaft. Meinem Wahrnehmen ist ein allzu transparenter Filter vorgesetzt. Er lässt zu viel durch. Wahrnehmen selbst ist bereits ein aktiver Prozess, den ich jedoch durch das Malen vertiefe und festige. Ohne das Malen würde mich das, was ich erfahre, was mir durch Körper und Kopf geht, kaputtmachen, oder ich müsste – wie auch immer – für einen dichteren Filter sorgen, also meine Sensibilität preisgeben.

Deine Bilder sind aber mehr als Wahrnehmungsprotokolle.
Richtig. Malen heisst für mich schon auch «verarbeiten», aber es ist eben noch deutlich mehr. Malen ist mehr als ein Reagieren auf Gedanken, innere Bilder und Erlebnisse, die ich ins Atelier trage. Es ist mehr als die Auseinandersetzung mit Erfahrungen, die einige Augenblicke, Stunden, Tage oder Jahre zurückliegen. Ich will nicht bilanzieren, nicht reproduzieren, nicht illustrieren. Meine Bilder handeln wohl von Vergangenem, aber gleichzeitig ist das Malen ein Prozess, in dem die Gegenwart das Vergangene absorbiert, das Momentane bekommt eine Intensität, die sich von Initialimpulsen löst, selbstständig wird. Wenn ich «im Bild» bin, setzt die Selbstreflexion aus, ist das analytische Denken gleichsam weggekippt. Was hinter mir liegt, ist dann ganz weit weg. Alles passiert im Augenblick. Und dieses Augenblickliche erlebe ich dann als Brücke in eine Zukunft, die neue Sichtweisen erlaubt.
Beim Malen verändert sich für mich ein kleiner Teil der Welt, ich nehme die Welt anders wahr. Wie das geschieht, weiss ich nicht genau. Ich möchte so weit kom-

men, dass ich mir beim Wahrnehmen zuschauen könnte, dass ich erkennen könnte, wie ich wahrnehme. Und ich möchte auch das völlig Unmögliche wissen, nämlich wie andere wahrnehmen. Was geht in andern Gehirnen vor, was für Bilder der Welt entstehen dort? Ich lese alles, was mir über Neurologie in die Hände kommt, sofern es für mich als Laien verständlich ist. Die Gehirnforschung ist doch ein zentraler Bereich, der auf der Suche nach Weltverständnis nicht einfach auszuklammern ist, auf diesem Gebiet werden wichtige Erkenntnisse gewonnen.
Wie siehst du diesen Raum, in dem wir sitzen? Natürlich sind wir uns dank der sprachlichen Übereinkunft einig, dass da im Atelier Leinwände, ein Tischchen und zwei Stühle stehen. Aber losgelöst von dieser Übereinstimmung sehen wir höchstwahrscheinlich beide einen ganz anderen Raum. Diese Unsicherheit ist für mich ebenfalls ein Antrieb, etwas festzuhalten, festzumalen, manchmal festzuschreiben. Wobei die Betrachter meiner Bilder weniger einen fixierten und ausschnitthaften Zustand der Wirklichkeit zu sehen bekommen, als vielmehr meine Zweifel an dieser so schwer begreifbaren, unfassbaren Wirklichkeit. Besonders deutlich wird dies bei den Raum- und Landschaftsbildern …

Max Hari habe ich kennen gelernt, als er Anfang der achtziger Jahre nach Langenthal kam, vermutlich im Chrämerhus, im Langenthaler Kulturzentrum, in dessen Galerievorstand ich ihm die Klinke in die Hand gab. Ich besuchte ihn bald einmal in seinem Atelier im Silo der «Alten Mühle», schrieb dann ab und zu über ihn, redete an Vernissagen. Zwischenhinein gab es viele Gespräche in seiner oder unserer Stube, in den Wirtshäusern, Gespräche, wie man sie nur mit ihm führen kann, mit schleifendem Übergang zwischen Tiefsinn und Unsinn. Aus einer Weinlaune heraus entwickelten wir den Plan, das Alte Gemeindehaus Langenthal in ein Kunsthaus zu verwandeln, den wir dann mit Peter R. Geiser und einer kleinen Gruppe von Kulturtäterinnen und -tätern in die Tat umsetzten. Unsere Verschwörersitzungen fanden in der getäferten, seit Jahrzehnten unveränderten, kleinen Gaststube Restaurant Kreuz in Ursenbach statt. Ich hatte die Entdeckung dieser einzigartigen Dorfbeiz gemacht. Max revanchierte sich, indem er mir das Absinth-Lokal an der Carrer de Sant Pau in Barcelona zeigte. – Eigentlich hätten wir seit Jahren genug Zeit gehabt, um über seine Kunst etwas eingehender zu reden …

… die als All-over-Paintings keine eigentliche Begrenzung haben, jenseits der Ränder weitergehen könnten, vom Betrachter weiter«gemalt» werden könnten.
Ja, du hast Recht. Wer weiss, vielleicht male ich einmal ein riesiges Panorama-Bild.

Das aber auch wieder einen Abschluss findet. Ein nach aussen unbeschränktes Spiralbild müsstest du malen!
Vielleicht. Klar ist allerdings, dass ich mich in nächster Zeit nicht mehr mit Installationsprojekten beschäftigen werde. Das Bild im Raum interessiert mich nicht, nur der Raum im Bild. Und dieses Problem kann ich auf einer ganz simplen Fläche bearbeiten.
Sicher bleibe ich nicht aus Bequemlichkeit bei der Malerei. Heute ist alles möglich. Ich hingegen bleibe beim Malen und Zeichnen. Unter der ganzen Vielfalt von zur Verfügung stehenden Medien wähle ich das traditionellste. Und ich erlebe dabei, was viele andere auch erfahren haben: Das Malen wird nicht einfacher, sondern immer schwieriger. Die langjährige Erfahrung hilft ab und zu, aber meist quält sie einen, weil sie einen auch immer anspruchsvoller werden lässt. Das richtig realisieren, was mich zum Gestalten drängt, ist schwierig genug. Ich könnte dazu auch andere Medien, eine andere Technik wählen, aber keine ist so direkt und unmittelbar wie die Zeichnung und die Malerei. Zudem haben Malerei und Zeichnungen

«Es gibt in der Kunst kein Inneres und kein Äusseres. Wo Kunst ist, ist lauter Inneres aussen. (Ja, man kann vielleicht die Kunst geradezu definieren als den Ort, wo Dinge so sind, dass man sie weder als innere noch als äussere zu bezeichnen vermag.)», schrieb Ludwig Hohl vor bald siebzig Jahren in «Die Notizen». Wo aussen zugleich innen und innen zugleich aussen ist – das trifft auf die Bilder von Max Hari in ganz besonderem Mass zu. Auf alle seit 1981, seit seiner so fruchtbar gewordenen Lebenskrise. Max Haris Arbeiten folgten diesem Credo, als die Ideenkunst im Schwang war, als andere die Formulierung, die Veräusserlichung auf ein Minimum beschränkten, aber auch in jüngerer Zeit, als Coolness angesagt war und intellektuelle oder emotionale Intensität geradezu als Sakrileg galt. Max Haris Kunst war und ist eine Kunst der Intensität, der «radikalen Subjektivität».

eine haptische, sinnliche Qualität. Das gefällt mir, das ist es, was mir die Gewissheit gibt, das richtige Medium gewählt zu haben. In jeder anderen Technik stellt sich mir mehr zwischen mich und das Werk.

Wie kämpfst du gegen die Routine an?

Ich bin in der glücklichen Situation, dass ich nicht sieben Tage in der Woche ständig im Atelier bin. Die Unterrichtstätigkeit setzt Zäsuren. Ich kann und muss immer wieder Distanz nehmen. Und da der kommerzielle Druck klein ist, lasse ich mich auch nicht verführen, etwas zu wiederholen, das Erfolg hatte und entsprechend wieder Erfolg verspricht.

Dass ich der Routine verfallen würde, davor habe ich wenig Angst. Mich beschäftigt aber ab und zu, dass meine Arbeit kein «Label» hat, keine einfache kennzeichenhafte Wiedererkennbarkeit aufweist. Wenn wir überblicken, was in diesem Buch zusammenkommt, was wir hier ausschnitthaft aus zehn Jahren dokumentieren, dann kann es den Betrachter irritieren, dass es da völlig verschiedene Phasen gibt, die manchmal aufeinander folgen, aber oft auch parallel verlaufen. Manchmal möchte ich, dass mein Werk abgerundeter, geschlossener wäre. Doch der Anspruch, mich als Subjekt auf die Vielfalt und Wandelbarkeit der Welterscheinung einzulassen, verlangt Offenheit und die Bereitschaft, Widersprüchliches zu erkennen und Spannungen zu ertragen. Wie sollte da etwas in sich Geschlossenes entstehen können?

Was hat dich vor 35 Jahren als Mittelschüler dazu gebracht, zu malen?

Letztlich war es wohl schon damals das Wissen oder die Ahnung darum, dass ich beim Malen einen wesentlichen Gewinn an Wirklichkeitserfahrungen machen kann. Als Maler erlebst du die Wirklichkeit anders, und vor allem beschert das Malen ein Erlebnis, das durch nichts anderes zu ersetzen ist, ein Erlebnis, das nicht zu lösen ist vom Begriff der Freiheit, das habe ich wohl schon damals gespürt. Ich fühle mich beim Malen durch nichts beschränkt, durch nichts eingegrenzt. Ich kann, innerhalb der Grenzen, die mir durch mich selber gesetzt sind, völlig tun und lassen, was ich will.

Gibt es ein Bild, das du als Bub oder junger Mann gesehen hast, das dich so sehr beeindruckt hat, dass in dir der Wunsch geweckt wurde, so etwas auch machen zu können?

Ja, Cézannes «Blaue Vase». Eine Kunstkreis-Reproduktion nach dem Original im Louvre. Diese Abbildung machte mir schlagartig klar, was mir vom keineswegs kunstsinnigen Elternhaus nicht unbedingt ins Bewusstsein gegeben worden war, nämlich dass ein Bild weit mehr kann als Dinge abbilden. Die blaue Vase steht deutlich schräg im Bild, müsste eigentlich umkippen. Aber sie steht trotzdem «richtig». Ich sah das Bild an und kapierte sofort, dass eine Malerei etwas von der äusseren Wirklichkeit Autonomes sein kann. Es demonstrierte mir, dass es in der Kunst Gesetze gibt, die über den Naturgesetzen stehen. Cézanne hat mich seither nicht mehr losgelassen. Die Berührungspunkte sind allerdings im Lauf der Zeit andere geworden. Heute fühle ich mich nicht zuletzt über die quälende Fragestellung «unvollendet – vollendet?» mit ihm verbunden.

Mit Cézanne begann für mich die Entdeckung vieler anderer Künstler der klassischen Moderne. Es blieb nicht beim Anschauen von Reproduktionen und bei Ausstellungsbesuchen. Ich wollte über diese Künstler mehr wissen, las ihre Biografien. Es war nicht nur Neugierde oder Wissensdurst. Ich spürte sehr rasch, dass ich das, was zwischen Cézanne und der heutigen Zeit liegt, aber auch was vor Cézanne lag, kennen lernen musste, um in der Gegenwart, in meiner Zeit Fuss fassen zu können. Ich war glücklicherweise klug genug, nicht meinen zu müssen, von Cézanne aus den ganzen Weg bis heute beim Malen noch einmal allein gehen zu müssen. Die theoretische Auseinandersetzung hat mir diesen Weg verkürzt.

Ein tradiertes Ideal, die Ganzheit, spielt in deinen Bildern immer noch eine wichtige Rolle.

Ja, aber die Ganzheit darf sich bei mir nie in Form einer absoluten, in sich geschlossenen Ausgewogenheit zeigen. Die ausbalancierte Harmonie interessiert mich nicht, sie entspricht nicht meiner Wirklichkeitserfahrung. Meine Bilder dürfen schon auch ein Ganzes sein, aber eines mit Stolpersteinen, mit Störfaktoren. Diese sind nicht eingeplant, nicht bewusst gesetzt. Diese Spannungen, diese kleinen Abweichungen von der Balance sind es jeweils auch, die mich reizen, an älteren Bildern weiterzumalen.

Ein Bild ist jedoch meistens nur ein Stück, nicht das Ganze, ein Fast-Ganzes. Ich betitle meine Raum- und Landschaftsbilder deshalb oft mit «See-, Baum- oder Waldstücke», manchmal auch mit «Seh-Stücke». (Abb. 76, 77, 88, 89)

Auf dem Weg zum Resultat beschäftigen mich farb- oder formtheoretische Probleme wenig. Ob ich zum Beispiel dieses oder jenes Rot verwende, spielt, wenn ich meinen Wahrnehmungen in ihrer ganzen Komplexität Gestalt geben will, eine untergeordnete Rolle.

Auch das Ordnen des Bildes nach irgendwelchen kompositionstheoretischen Grundsätzen kann mir kein Anliegen mehr sein; hingegen beschäftigt mich das übergelagerte Thema der «Ordnung» in höchstem Mass. Beim Malen versuche ich,

Das Wahrnehmen sei so wichtig oder vielleicht wichtiger als das Malen, betont Max Hari. Nun ist das Wahrnehmen kein autonomer Prozess wie zum Beispiel das Atmen, sondern auf etwas bezogen, auf Menschen, Dinge, aber auch auf Materieloses wie Geräusche, Atmosphärisches zwischenmenschlicher oder meteorologischer Art, auf Informationen und Ideen. Ludwig Wittgenstein begann sein «Tractatus logico-philosophicus» (1921) mit dem Satz: «Die Welt ist alles, was der Fall ist.» Mit dieser Formulierung schloss er die Welt des Dinglichen und Nichtdinglichen ein, das Wahrgenommene und das Nicht-Wahrgenommene. Und er folgert aus dieser Erkenntnis: «Die Welt zerfällt in Tatsachen.» Das Verb «zerfallen» beinhaltet die Vorstellung des Verlustes an Ganzheitlichkeit. Max Haris Wahrnehmen seiner «Welt» ist eine Konfrontation mit Widersprüchlichem, Unzusammenhängendem, Diffusem. Inhaltlich komplexe Kunst könne nur entstehen, wenn Künstlerinnen oder Künstler einen gut gefüllten Erlebnis- und Erfahrungsrucksack haben, habe ich einmal schriftlich zum Besten gegeben. Nicht bedacht habe ich damals, was passiert, wenn — wie dies bei Max Hari der Fall ist — dieser Rucksack aus den Nähten platzt und der Inhalt unverträglicher Art ist, rumort, sich gegen den Träger sperrt. Die hier gezeigten Werke geben eine Antwort. Mit mühseligem, widerspenstigem Gepäck gelangt Max Hari zu grossartigen Bildern.

Fortsetzung nach Abbildung 65

Unser Gespräch umkreist immer wieder den Begriff der Wahrnehmung. Ausserhalb des Ateliers bereitet Hari vor, was im Atelier entsteht. Seine Bilder reagieren auf das, was er mit all seinen Sinnen wahrnimmt. Mit allen fünf Sinnen? Nach indischer Auffassung ist das Denken der sechste Sinn (aber nicht identisch mit unserem Hellsehen als «sechstem Sinn»). Ohne zu zögern, bezeichne ich Max Hari als sechssinnigen Intellektuellen. Er nimmt mit sechs Sinnen wahr, wacher als die meisten Zeitgenossen. «Das Malen ist mehr als das Verarbeiten von Erfahrungen, die einige Augenblicke, Stunden, Tage oder Jahre zurückliegen», sagt er. Beim Malen gerät er ins Bild hinein, verautonomisiert sich der Gestaltungsprozess. Dieser reisst ihn mit.

«Mein Problem ist, dass ich zu viel wahrnehme. Die Welt stürzt manchmal über mich herein. Diese Überfülle an Wahrgenommenem verhindert, dass so etwas wie ein harmonisch geschlossenes Œuvre entstehen kann. Manchmal plagt es mich, dass das Geschaffene sich alles in allem nicht homogener zeigt. Ich zwinge mich deshalb immer wieder, an etwas zu bleiben, mir Parameter zu setzen. So nehme ich mir etwa vor, fünfzig Zeichnungen zu einem bestimmten Zyklus oder in einer im Vornherein definierten Technik zu schaffen. Ich arbeite also konzeptuell, aber ohne Konzeptkunst, Ideenkunst zu machen. Das Konzept ist primär eine Selbstdisziplinierungsmassnahme.» (Max Hari, Interview vom 7. 7. 03)

mein Material so zu verdichten, dass es zur Metapher des Wahrgenommenen wird. Diese Metapher darf aber nicht simplifizieren, sondern muss der Komplexität der inneren und äusseren Welt entsprechen und soll die Möglichkeit einer dem Chaos entgegengesetzten Ordnung in sich tragen. Das kann keine ein für alle Mal festgelegte Ordnung sein, sondern nur eine im Moment gültige, für mich jetzt tragfähige.

Dich zieht es zu den «schweren», den schwierigen Themen, den existenziellen. Erstaunlicherweise beschäftigst du dich mit ihnen bereits am Anfang deines Schaffens.
Das mag damit zusammenhängen, dass die Lebenskrise, in die ich nach dreissig geriet und die den Schlusspunkt unter mein «Frühwerk» setzte, mich heftig mit Fragen konfrontierte, denen man in diesem Alter sonst meist aus dem Weg geht, Fragestellungen, die für mich auch heute noch bedeutsam sind.

Die Vorstellung der bildtragenden Ordnung, die du dir immer neu erarbeitest, kann – du hast mir das Wort Metapher in den Mund gelegt – im übertragenen Sinn als existenzialistische Lebenskonstruktion verstanden werden, die täglich neu in Angriff genommen wird. Ist dein heutiges Lebens- und Kunstverständnis in diesem Zusammenhang zu verstehen? Verstehst du deine Situation als ein «Geworfensein» im sartreschen Sinn?
Zweifellos. Es gibt Tage, Wochen, wo alles ganz banal wird. Wo mich nichts trägt, als die Gewissheit, dass ich der bin, der hier einen Pinsel in der Hand hält und auf der Leinwand Spuren hinterlässt. Wenigstens in der Lage sein, eine Spur zu hinterlassen, ist in diesen Phasen ein elementares Erlebnis, das eine tragfähige Unsicherheit ermöglicht.
Ja, in den Situationen der völligen Haltlosigkeit beginnt man sich wieder auf ganz Elementares zu besinnen, stellt dankbar fest, dass der Mensch insbesondere auch ein kreatürliches Wesen ist, dessen Körperlichkeit nach Lebenserhaltung verlangt. Es kommt nicht von ungefähr, dass ich hier im Atelier diesen Fünfzeiler von Ernst Jandl aufgehängt habe:

«es hat mich umgeschmissen
mein leben ist zerrissen
ich will von nichts mehr wissen
da meldet sich das pissen
und zerrt mich aus den kissen»

Die von dir verehrten Künstler waren oder sind allesamt einsame Menschen. Wie gross ist deine Einsamkeit?

Die Einsamkeit ist Voraussetzung für eine gute Arbeit. Man muss mit sich und dem zur Verfügung stehenden Material allein sein. Alles, was in diesem Moment von aussen kommt, stört nur. Das ist der positive Aspekt der Einsamkeit.

«Einsam» – oder meinst du nun «allein sein»?

Ich meine einsam, weil nur ich, diese eine, einzige Person diese Arbeit erledigen muss, darf. Niemand kann mir helfen. Ich bin ganz auf mich gestellt. Nebenbei gesagt, würde ich es auch nicht ertragen, wenn jemand im Atelier anwesend wäre. Erst recht ungeeignet wäre ich für gemeinsam geschaffene Kunstwerke. Ich eigne mich absolut nicht für künstlerische Teamarbeit, das habe ich erfahren.

Mein Atelier soll ein Raum sein, in dem ich in grösstmöglicher Freiheit arbeiten kann, also muss er ausschliesslich für mich da sein. Der Preis dieser Freiheit ist die Einsamkeit. Aber diesen Preis bezahle ich gern.

Die Bilder der deutschen Romantiker singen das Lob der Einsamkeit. Die Künstler erlebten Einsamkeit noch als etwas durchwegs Positives.

Ja, aber sie banden ihre Einsamkeit in den allumfassenden Rahmen der Natur ein. Das Wissen oder die Ahnung um Kräfte, die grösser und stärker sind als das Individuum, machte die Einsamkeit erträglich, ja vielleicht sogar zu einem Genuss.

Deine Raum- und Landschaftsbilder empfinde ich als gar nicht so weit von den romantischen Allverbundenheitsvisionen entfernt, es zeigt sich ein verwandtes Grundgefühl des Aufgehobenseins.

Die Landschaft beziehungsweise der Landschaftsraum beschäftigt mich seit 1996. Damals zogen meine Frau und ich in ein Haus am Rand von Langenthal. Vor der Südfront liegt eine grosse Wiese, die von Bäumen und Büschen eingefasst ist. Ich erlebte die Natur und den Jahreszeitenwechsel in einer bisher nie gekannten Intensität.

Vermutlich wäre das aber noch kein Grund gewesen, das Thema aufzugreifen. Entscheidender war zu diesem Zeitpunkt der Tod meines Bruders, der nach kurzer Krankheit überraschend gestorben ist. Das hat mich erschüttert, aus der Bahn geworfen. Ich brauchte Trost, Stabilität. Die Berührung mit der Natur hat mir wieder festeren Boden gegeben, Trost fand ich keinen. Doch denke ich, dass es auch bei den neusten Landschafts- und Raumbildern, die seit 2001 entstehen

Ich zweifle seit Jahren daran, ob es Sinn macht, die konstruktivistischen Künstler in einer einzigen «Kunstabteilung» zusammenzufassen, bei der die Äusserlichkeit der geometrischen Mittel das Verbindene ist. Das Anliegen der Konstruktivisten, die Ordnungssuche, die Visualisierung von Ordnungsmodellen, verkörpert sich auch in figurativen, nicht-geometrischen Werken, in alten und neuen, zum Beispiel jenen Vermeers, Seurats oder Morandis. Die rigorose Neuordnung der Kunstgeschichte lohnt sich aber deshalb nicht, weil viele der «Ordnungssucher» gleichzeitig dem Gegenlager der «vom Chaos Berührten» angehören. In diesen Zwischenbereich gehört beispielsweise van Gogh. Oder eben Max Hari. Werner Hofmann hat die Kunst der Moderne in zwei Hauptgruppen dividiert, in die Kunst als Wirklichkeitsinterpretation einerseits und andererseits in die Kunst als Wirklichkeitserfindung («Zeichen und Gestalt», 1957). Dieser Vorschlag ist sicher der läppischen Teilung in gegenständliche und ungegenständliche Kunst vorzuziehen. Nur zeigt es sich aber im Speziellen, also zum Beispiel bei den hier reproduzierten Werken Max Haris, dass der Versuch der Weltbewältigung und die Auseinandersetzung mit dem autonomen, neu erfundenen Bild fliessend ineinander übergehen können.

Während eines seiner längeren Berlin-Aufenthalte im Jahr 1990 hatte er eine Gipsgiesserei kennen gelernt, die neben Beethoven-Büsten und Antikenkopien auch Totenmasken von Dichtern und Denkern verkaufte. Max Hari erwarb sich die Masken von Goethe, Schiller, Rousseau, Dante, Dostojewski und Shakespeare, formte sie in über hundert Exemplaren nach, verformte sie zugleich durch direkte Eingriffe in die Tonmasse und führte so den Akt der Überarbeitung in der dritten Dimension weiter. Das Resultat dieses langwierigen und aufwändigen Prozesses waren grosse Reliefs, die er farbig überarbeitete. Mit den Mitteln der Kunst wurden die Totenmasken vitalisiert, wurde der Widerspruch tot–lebendig aufgehoben. (Abb. 1)
Die Abgüsse der Abgüsse erstellte er eigenhändig mit Hilfe von Silikonformen, synthetischem Gummi. Das inspirierte ihn, diese Formen aufzumontieren und wie Gummistempel zu gebrauchen. Die grossen Stempeldrucke wurden Ausgangspunkt zum in Langenthal entstandenen Werkzyklus «Erntezeit» (Abb. 32–39).

(Abb. 79, 82, 83, 85, 88, 89), nicht um romantische Aspekte geht, sondern etwas anderes im Vordergrund steht. Oder was meinst du?

Ich meine, hier geht es insbesondere um die Frage nach den Ordnungen, nach den tragenden Strukturen.
Die Erdung, das Haltfinden oder das Scheitern bei diesen Bemühungen – das sind nicht unwesentliche Aspekte beim Kunstschaffen überhaupt. Du hast nur wenige ungegenständliche Bilder geschaffen. Aber dein Thema «Der Wahrnehmung ein Gesicht geben» liesse sich ja auch ungegenständlich ausdrücken. Sind die gegenständlichen Elemente in deinen Bildern auch Erdungssonden, Haltegriffe in deinem Schaffen?
Meine wenigen ungegenständliche Bilder bezeichne ich als Studien. Sie sind meist kleinformatig. Im Experiment versuche ich da mein Formenrepertoire auszuweiten. Aber es sind keine Arbeiten, die eng etwas mit mir zu tun haben. Es geht dabei nicht um Inhalte, sondern um Formales. Ich kann mir beim Malen gleichsam zuschauen. Da habe ich Distanz.

Ob die ungegenständliche Kunst jene Konkretheit, jene Verbindlichkeit erreicht hat, die sich einige Künstler im letzten Jahrhundert erhofft haben, bezweifle ich. Wenigen ist es gelungen, durch eine ausserordentliche Intensität der Beliebigkeit zu entgehen.

Es liegt mir fern, völlig ungegenständlich zu malen. Solange meine Arbeit auf der Wahrnehmung basiert, werden Bezüge zur gegenständlichen Welt sichtbar sein. Natürlich nimmt man nicht nur Gegenständliches wahr. Aber die materialisierte Welt ist ein wichtiger Teil des Wahrnehmungsspektrums.

Wie kommt es, dass ein Mensch, der so sanft und umgänglich wirkt, derart attackierende Bilder malt?
Wenn ich nicht mehr weiterkomme, wenn ich nach neuen Lösungen suchen muss, dann kann aggressives Verhalten weiterhelfen, kann sogar zur Voraussetzung dafür werden, dass ich einen Schritt weiterkomme. Jedes Übermalen, Auslöschen, Platzmachen für Neues ist ein aggressiver, radikaler Akt. Und zu solchen Eingriffen kommt es beim Malen fast immer, denn ich betone das prozesshafte bei meiner Arbeit. Was am Schluss da ist, entsteht im Malen. Die Überarbeitungen könnten den Eindruck erwecken, es ginge nicht nur um Aggression, sondern auch um Destruktion. Destruktion, Destruktives liegt mir meinem Charakter nach eher fern. Der Psychologe wird bei den Überarbeitungen vielleicht an «Vatermord» denken, es geht aber nicht um eine böse Attacke

gegen Leute, die mir geholfen haben, zu werden, was ich geworden bin, sondern um den konstruktiven Akt der persönlichen Loslösung, um die Individuation.

Und das Zeichnen mit der Motorsäge? Sie ist doch ein überaus aggressives Werkzeug (Abb. 70–75)?
Wenn ich mit der Kettensäge «zeichne», dann hat das mit Aggression gar nichts zu tun. Ich pole den Charakter der Motorsäge um: Normalerweise wird sie zum Fällen von Bäumen benutzt, zum Zerkleinern von Stämmen, Ästen, Balken und Ähnlichem. Etwas Ganzes wird zu Stücken. Ich versuche aber, die Motorsäge mit derselben Sensibilität und Leichtigkeit wie einen Bleistift oder einen Pinsel zu führen. Das erforderte viel Übung. Ich weiss jetzt genau, wie ich das Werkzeug lenken muss, wie viel Druck was bewirkt, wie sich eine breite oder dünne Spur ergibt. Es geht keineswegs ums Verletzen einer Holzoberfläche, sondern um Spuren, die schnell, in höchster Konzentration, ohne Korrekturmöglichkeit eingefräst werden. Weil die Motive dieser Motorsägearbeiten mit Vegetativem, mit pflanzlichem Wachstum zu tun haben, mit dem Werden, nicht mit der Zerstörung, kann man diese Arbeiten kaum primär als «aggressiv» verstehen.

«Es ist die Situation auf den Bildern der ‹Erntezeit›, die mein Leben zur Zeit bestimmt: Köpfe/Figuren, die sich auf engem Raum drängen, deren Lage sich gegenseitig bedingt, deren eine Bewegung auch die andern ins Rutschen oder Fallen bringt, oder Halt gibt und stützt ...», notierte Max Hari am 16. Dezember 1995 in sein Tage- und Arbeitsbuch. Die Erntezeitbilder sind sowohl Ausdruck von Max Haris Experimentierfreudigkeit als auch seines Beharrungsvermögens. Diese scheinbar widersprüchlichen Begriffe bilden die Pole, zwischen denen sich Haris Schaffen bewegt. Nur scheinbar widersprüchlich sind sie. Er bringt das mit dem einfachen Satz «Die Lebens(neu)gier flackert» auf den Punkt. Die künstlerische Innovation passiert nicht um der Innovation willen, sondern weil er nach Neuem «giert». Und anderseits gibt es nur ein einziges Thema, das ihn interessiert: das Leben, die Existenz, die existenziellen Fragen.

Kommen wir noch einmal auf die Landschafts- und Raumbilder zurück. Ich kannte euren grossen Garten mit seinem weiten Halbrund der Wiese, bevor ich die Bilder zum ersten Mal gesehen habe. Ich habe ihn sofort wiedererkannt. Was andere Betrachter in diesen Arbeiten sehen, kann ich mir nicht vorstellen.
Das umschliessende Halbrund ist wichtig, aber etwas anderes ist noch wesentlicher: die leere klare Fläche in der Bildmitte, die Lücke, der Durchschlupf zum Nichts. Ich male immer wieder leere Stellen, Orte der Leere. Einige Arbeiten heissen «Lichtung». Mich fasziniert die Vorstellung des Vakuums im Raum, der offenen Mitte zum Nichts.

Das «Nichts» verstehst du in diesem Zusammenhang piktural oder philosophisch, existenzialistisch?
Es umfasst für mich beides. Einerseits gebe ich dem Nichts eine Bühne, andererseits umkreist mich das Nichts, das wir kaum kennen, wie alles Seiende. Ich male für und wider das Nichts. – (Lachen)

Nach Sartre ist der Mensch ein «Nichts». Er muss sich in beständiger Schöpfung aus dem Nichts zu dem machen, was er ist. Das «Nichts», aus dem er sich erhebt, umlauert ihn pausenlos. Sartre sagt wie Heidegger: «Das Nichts nichtet.» Um das formulieren zu können, hat er das Verb «néantiser» erfunden. So gesehen wäre deine Arbeit der Versuch der «Entnichtung des nichtenden Nichts». – (Gelächter)
Jaja. Warum nicht? Vielleicht.

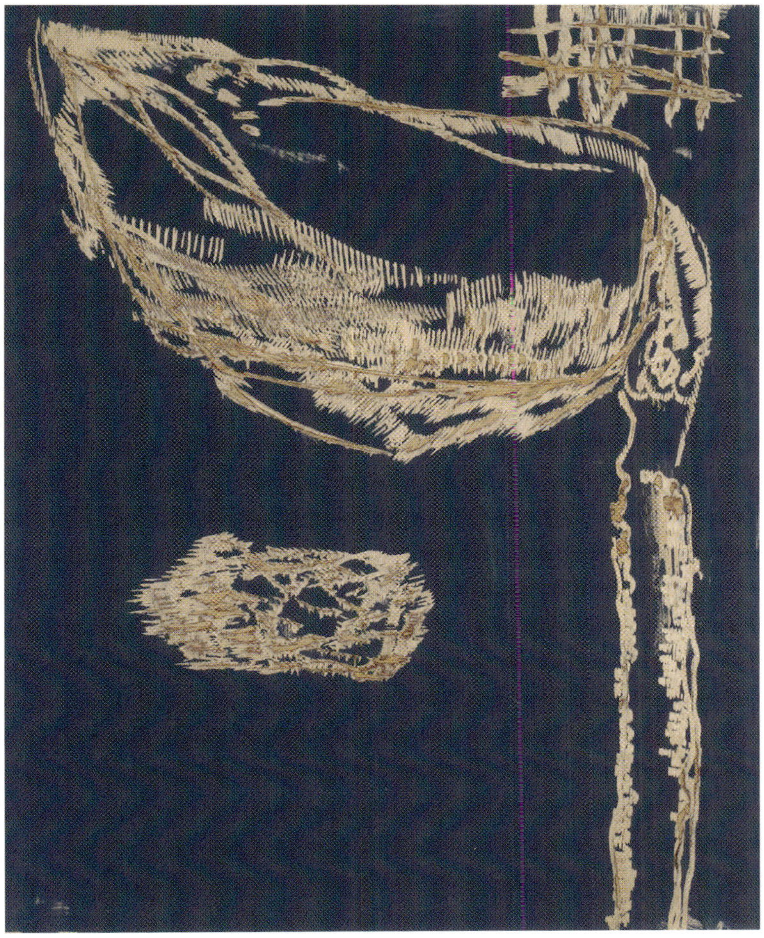

Abbildungsverzeichnis

1 TOTENMASKENBALL. 1996. Überarbeitung einer Fotografie, die einen Ausschnitt aus dem Relief von 1992 im Gymnasium Oberaargau zeigt. 74×100 cm

2 Aus der Serie «Briefe an van Gogh» (vierter Brief). 1990. Überarbeitung eines reproduzierten Werks Arnulf Rainers. 28×23 cm

3 Aus der Serie «Briefe an van Gogh» (neunter Brief). 1990. Überarbeitung eines reproduzierten Werks Arnulf Rainers. 28×23 cm

4 Aus der Serie «Briefe an van Gogh» (elfter Brief). 1990. Überarbeitung eines reproduzierten Werks Arnulf Rainers. 28×23 cm

5 Aus der Serie «Briefe an van Gogh» (zwölfter Brief). 1990. Überarbeitung eines reproduzierten Werks Arnulf Rainers. 28×23 cm

6 Aus der Serie «A. G.». 1990. Überarbeitung einer Fotografie Alberto Giacomettis. 30×40 cm

7 Hodler als Ich. 1991. Überarbeitung einer Fotografie. 35×50 cm

8 Hodler als Nacht. 1991. Überarbeitung einer Fotografie. 35×50 cm

9 Hodler als Zorniger. 1991. Überarbeitung einer Fotografie. 35×50 cm

10 Hodler als Valentine. 1991. Überarbeitung einer Fotografie. 35×50 cm

11 Hodler als Parallelist. 1991. Überarbeitung einer Fotografie. 35×50 cm

12 Hodler als Arbeiter. 1991. Überarbeitung einer Fotografie. 35×50 cm

13 Hodler als Janus. 1991. Überarbeitung einer Fotografie. 35×50 cm

14 Hodler als Liebhaber. 1991. Überarbeitung einer Fotografie. 35×50 cm

15 Hodler als Fels. 1991. Überarbeitung einer Fotografie. 35×50 cm

16 Hodler als Dürer. 1991. Überarbeitung einer Fotografie. 35×50 cm

17 Hodler als Hodler. 1991. Überarbeitung einer Fotografie. 35×50 cm

18 Hodler als Zeitgenosse. 1991. Überarbeitung einer Fotografie. 35×50 cm

19 Hodler als Denkmal. 1991. Überarbeitung einer Fotografie. 35×50 cm

20 Hodler als Trommler. 1991. Überarbeitung einer Fotografie. 35×50 cm

21 Farbe essen. 1995. Überarbeitung der einzigen erhaltenen Fotografie, die van Gogh, von hinten, im Erwachsenenalter zeigt. Fotokopie auf Leinwand. 160×400 cm

22 Aus der Serie «Mit Cézanne im Gespräch». Behutsame Annäherung. 1996. Überarbeitung einer Reproduktion, auf Karton aufgezogen. 40×30 cm

23 Aus der Serie «Mit Cézanne im Gespräch». Erlaubte Ergänzung. 1996. Überarbeitung einer Reproduktion, auf Karton aufgezogen. 40×30 cm

24 Aus der Serie «Mit Cézanne im Gespräch». Eingriffe. 1996. Überarbeitung einer Reproduktion, auf Karton aufgezogen. 40×30 cm

25 Aus der Serie «Mit Cézanne im Gespräch». Dialog, herbstlich. 1996. Überarbeitung einer Reproduktion, auf Karton aufgezogen. 40×30 cm

26 Aus der Serie «Mit Cézanne im Gespräch». Widerspruch. 1996. Überarbeitung einer Reproduktion, auf Karton aufgezogen. 40×30 cm

27 Aus der Serie «Dialog mit Claude Lorrain». 1998. Überarbeitung einer Reproduktion, auf Karton aufgezogen. 50×40 cm

28 Aus der Serie «Dialog mit Claude Lorrain». 1998. Überarbeitung einer Reproduktion, auf Karton aufgezogen. 50×40 cm

29 Aus der Serie «Dialog mit Claude Lorrain». 1998. Überarbeitung einer Reproduktion, auf Karton aufgezogen. 50×40 cm

30 Aus der Serie «Dialog mit Claude Lorrain». 1998. Überarbeitung einer Reproduktion, auf Karton aufgezogen. 50×40 cm

31 Aus der Serie «Dialog mit Claude Lorrain». 1998. Überarbeitung einer Reproduktion, auf Karton aufgezogen. 50×40 cm

32 ERNTEZEIT (Die Sache mit den Köpfen). 1994. Acryl auf Baumwolle. 160×200 cm

33 ERNTEZEIT (Die Sache mit den Köpfen). 1994. Acryl auf Baumwolle. 200×240 cm

34 ERNTEZEIT (Die Sache mit den Köpfen). 1994. Acryl auf Baumwolle. 200×240 cm

35 ERNTEZEIT (Die Sache mit den Köpfen). 1994. Acryl auf Baumwolle. 200×240 cm

36 Aus der Serie «Erntezeit». 1994. Acryl und Kreide auf Papier. 79×107 cm

37 Aus der Serie «Erntezeit». 1994. Acryl und Kreide auf Papier. 79×107 cm

38 Aus der Serie «Erntezeit». 1994. Acryl und Kreide auf Papier. 79×107 cm

39 Aus der Serie «Erntezeit». 1994. Acryl und Kreide auf Papier. 79×107 cm
40 Ohne Titel. 1996. Acryl auf Leinwand. 160×200 cm
41 Kopfankopf. 1995. Acryl auf Baumwolle. 200×240 cm
42 Kopfüber. 1995. Acryl auf Baumwolle. 234×164 cm
43 Geraune. 1996. Acryl auf Leinwand. 110×140 cm
44 Kopfüber. 1995. Acryl auf Baumwolle. 110×140 cm
45 Kopflast. 1996. Acryl auf Leinwand. 110×140 cm
46 Studien zu einem Kopf. 1997. Acryl auf Baumwolle. 40×30 cm
47 Studien zu einem Kopf. 1997. Acryl auf Baumwolle. 40×30 cm
48 Kopf. 2001. Acryl auf Leinwand. 45×35 cm
49 Kopf. 2001. Acryl auf Leinwand. 45×35 cm
50 BILD. 1999. Acryl auf Leinwand. 200×240 cm
51 TANZ. 1998. Acryl auf Leinwand. 200×240 cm
52 Aus dem Jahreszyklus. 1996/1997. Acryl auf Papier. 79×107 cm
53 Aus dem Jahreszyklus. 1996/1997. Acryl auf Papier. 79×107 cm
54 Aus dem Jahreszyklus. 1996/1997. Acryl auf Papier. 79×107 cm
55 Aus dem Jahreszyklus. 1996/1997. Acryl auf Papier. 79×107 cm
56 Aus dem Jahreszyklus. 1996/1997. Acryl auf Papier. 79×107 cm
57 Aus dem Jahreszyklus. 1996/1997. Acryl auf Papier. 79×107 cm
58 Aus dem Jahreszyklus. 1996/1997. Acryl auf Papier. 79×107 cm
59 Aus dem Jahreszyklus. 1996/1997. Acryl auf Papier. 79×107 cm
60 Schritt nach aussen. 1997. Acryl auf Leinwand. 160×200 cm
61 RENNER (nach links). 1998. Acryl auf Leinwand. 160×200 cm
62 Noch ohne Titel. 1997. Acryl auf Leinwand. 200×160 cm
63 RANDFIGUR. 1998. Acryl auf Leinwand. 200×160 cm
64 STEHEN – LIEGEN. 1997 Acryl auf Leinwand. 160×200 cm
65 1998. Acryl auf Leinwand. 200×240 cm
66 Figur II/Fiona. 2000. Acryl auf Leinwand. 200×240 cm
67 Figur VI/Fiona. 2000. Acryl auf Leinwand. 200×240 cm
68 Figur V/Fiona. 2000. Acryl auf Leinwand. 200×240 cm
69 Figur IX/Fiona. 2000. Acryl auf Leinwand. 200×240 cm
70 Pflanzliches (anthropomorph). 1999. Acryl auf Birkenholz. 140×110 cm
71 Pflanzliches (Trieb). 1999. Acryl auf Birkenholz. 140×110 cm
72 Pflanzliches (grosses Blatt). 1999. Acryl auf Birkenholz. 140×110 cm
73 Pflanzliches (leicht pilzig). 1999. Acryl auf Birkenholz. 140×110 cm
74 Pflanzliches. 1999. Graphit und Acryl auf Birkenholz. 140×110 cm
75 Pflanzliches. 2000. Graphit und Acryl auf Birkenholz. 140×110 cm
76 UFERSTÜCK. 1996. Acryl auf Baumwolle. 110×140 cm
77 TEICHSTÜCK. 1996. Acryl auf Leinwand. 160×200 cm
78 Figur, nach hinten. 2001. Acryl auf Leinwand. 110×140 cm
79 Zu Land und zu Wasser. 2003. Acryl auf Leinwand. 160×200 cm
80 Figur, bewegt. 2001. Acryl auf Leinwand. 160×200 cm
81 ORDNUNG/KOPF. 2002. Acryl auf Leinwand. 200×240 cm
82 Ohne Titel. 2002. Acryl auf Leinwand. 160×200 cm
83 Ohne Titel. 2002. Acryl auf Leinwand. 160×200 cm
84 Grosse Ordnung. 2002. Acryl auf Leinwand. 200×240 cm
85 Ohne Titel/Kleine Ordnung I. 2002. Acryl auf Leinwand. 160×200 cm
86 Fragile Ordnung. 2003. Acryl auf Leinwand. 160×200 cm
87 Ohne Titel. 2003. Acryl auf Leinwand. 200×240 cm
88 Landstück mit Baum. 2003. Acryl auf Leinwand. 140×200 cm
89 Landstück/Palme. 2003. Acryl auf Leinwand. 140×200 cm

Mal- und Feueraktion LICHT-
HAUS am Wuhrplatzfest,
Langenthal, 1985

Sechstägige Malaktion
SCHÖPFUNG in der Berner
Galerie, 1986
(Foto: Rudolf Steiner)

Installation NACHT AUS BLEI
in der Galerie Chrämerhuus,
Langenthal, 1987

TOTENMASKENBALL
(Ausschnitt),
Relief im Gymnasium Ober-
aargau in Langenthal, 1992

Biografische Angaben

1950	Max Hari wird in Thun geboren, wo er auch seine Kindheit und Jugendzeit verbringt.
1966–70	Ausbildung zum Primarlehrer am Seminar Hofwil-Bern
1972–76	Studium an Schule für Gestaltung und Universität Bern
1977	Studienaufenthalt in Italien und Griechenland
1978	Beginn der Lehrtätigkeit am Seminar Langenthal, dem heutigen Gymnasium Oberaargau
1981	Arbeitsaufenthalt in Griechenland und Südspanien
1982	Erste öffentliche Präsentation von Werken in einer Einzelausstellung in der Galerie Bertram, Burgdorf
1983	Erstes Atelier im Silo der Alten Mühle in Langenthal
1984–93	Einzelausstellungen und Beteiligung an Gruppenausstellungen u. a. in der Galerie Chrämerhuus in Langenthal, im Kunstmuseum Olten, in der Berner Galerie und der Loeb-Galerie in Bern, im Kunstmuseum Bern (Weisser Saal), in der Galerie Esther Münger in Burgdorf und im Kunsthaus Langenthal
1985	Mal- und Feueraktion LICHTHAUS am Wuhrplatzfest Langenthal
1986	Installation SCHÖPFUNG in der Rathausgasse Bern
1988–98	Initiant und Mitbegründer des Kunsthauses Langenthal
1990	Arbeitsaufenthalt in Berlin, das in den folgenden Jahren für den Künstler zur zweiten Heimat wird
1991	Beginn der Zusammenarbeit mit der Galerie 89 (Beat und Ursina Wälchli) in Aarwangen. Die Monografie MAX HARI erscheint.
1991–95	Mitglied der Kantonalen Kommission für Kunst und Architektur des Kantons Bern
1993	Nach dem Silo-Brand Einrichtung eines neuen Ateliers in Aarwangen
2000	Max Hari arbeitet erneut für längere Zeit in Berlin.
	Kulturpreis der Stadt Langenthal

Die wichtigsten Ausstellungen und Installationen von 1994 bis 2003

1994	Galerie 89, Aarwangen (EA = Einzelausstellung)
	Galerie 4, Basel (EA)
1995	Kunsthaus Langenthal, «aufgedeckt aufgetischt», Rezepte und Konzepte der Kunst im Umgang mit Essen
	Galerie & Edition René Steiner, «7 Räume – 7 Künstler», Erlach
1996	Galerie Rigassi, Bern (EA)
	Designer's Saturday, Langenthal. Installation in der Porzellanfabrik
	Kunst-Linie, Kultur im äusseren Wasseramt. Installation «Perspicere»
1997	Galerie 89, Aarwangen (mit Ludwig Stocker)
	PALM'ARTE, Galleria d'arte contemporanea, Locarno (EA)
	Kunstmuseum Thun, QUERSICHT, Kunstschaffen im Kanton Bern
1998	Galerie Esther Münger, Burgdorf (EA)
	Städtisches Museum Vodnany, Kulturaustausch Schweiz – Tschechien
1999	Galerie 89, Aarwangen
	Galerie Olaf Stüber, Berlin (D)
	Museo Comunale Villa Ciani Lugano «15 anni di Giovane Arte Svizzera 1985–99»
2000	Galerie Studio 10, Chur, «Aus der Sammlung Carlo Cotti»
	Neue Kunst in altem Gemäuer, Chur. Installation «BLUMENBE(E)T(T)WÄSCHE» in der Rathaushalle Chur
	Medica Düsseldorf (D), Malperformance für «Standort: Schweiz»

Kunsthaus Grenchen, (Verkehrs-)Kreisel 2000
2001 Kunsthaus Langenthal, «Wirklichkeit. Malerei», mit Pascal Danz, Lisa Hoever, Kotscha Reist und Klaudia Schifferle
Galerie Rigassi, Bern
Galerie NORD/LB ART, Hannover (D)
Galerie Veronika Kautsch, Michelstadt (D) (EA)
2002 Galerie 89, Aarwangen
Galerie Rigassi, Bern; Jubiläumsausstellung 11 Jahre Galerie
2003 Kunstsalon Wolfsberg, Zürich
Kunstverein Olten im Stadthaus Olten

Werke in der Öffentlichkeit/Kunst am Bau

1984 Gemeinde Langenthal, Mensa der Mittelschulen
1986 Museo civico di belli arti, Lugano
1989 Künstlerische Gestaltung der Schalterhalle der Credit Suisse in Langenthal
1991 Kunstmuseum Olten
1992 TOTENMASKENBALL, Wandrelief im Gymnasium Oberaargau
1993 Künstlerische Gestaltung der Schalterhalle der Credit Suisse in Burgdorf
1995 Kanton Bern, Ankäufe der Kommission für Kunst und Architektur
1998 Kanton Bern, Ankauf der Kommission für Kunst und Architektur
2000 Schweizer Botschaft, Berlin
2002 Stiftung Charles und Agnes Vögele, Seedamm Kulturzentrum in Pfäffikon/SZ

Literaturangaben/Publikationen/Filme

1988 «du», Die Zeitschrift für Kunst und Kultur, Conzett + Huber, Zürich, Nr. 5/1988, «Copain Vincent», Van Goghs Einfluss auf die Schweizer Kunst
1993 Katalog zu «Das Bild hinter dem Bild», Text von Peter Killer, Kunstmuseum Olten
1994 Monografie MAX HARI, Text von Peter Killer, Verlag Wälchli, Aarwangen
1995 Katalog «aufgedeckt aufgetischt», Kunsthaus Langenthal
1996 KOPFANKOPF, Text von Konrad Tobler, Ausstellungskatalog Galerie Rigassi, Bern
1997 QUERSICHT, Text von Konrad Tobler, Katalog zur Ausstellung im Kunstmuseum Thun, Kommission für Kunst und Architektur des Kantons Bern
1998 Katalog zur Ausstellung im Mestske Muzeum a Galerie ve Vodnanech, Kulturaustausch Schweiz – Tschechien
1999 «Viele Bilder führen zum Bild», Der malerische Prozess im Schaffen von Max Hari, Videofilm von Ursula Wittmer, 7'30, W Video-Productions, Wangen a.A.
Volonterio, Guglielmo, «15 anni di giovane arte svizzera», Collezione Fondo Comunale Carlo Cotti, Lugano
2000 «Ein Antlitz im Gesicht», 50 Zeichnungen und zwei Tagebucheinträge von Max Hari aus Berlin, Texte Marianne Burki und Lukas Gloor, Verlag Merkur AG, Langenthal
2001 «Wirklichkeit. Malerei», Kunsthaus Langenthal, Texte von Marianne Burki und Anneliese Zwez
2002 «NOTWEHR, Fleisch und Geist im Kunstschrei», von Gerd Sonntag, mit der Analyse eines Katalogbeitrags von Christoph Tannert, Künstlerhaus Bethanien, Berlin, zu einer Ausstellung von Max Hari in Hannover 2001, Berlin 2003, ISBN 3-932463-20-X

Siehe auch: www.maxhari.ch

Galerie & Edition René Steiner, Erlach, 1995 (Foto: Heini Stucki)

Malperformance für «Standort: Schweiz» an der Medica in Düsseldorf, 2000

Installation BLUMENBE(E)T(T)WÄSCHE in der Rathaushalle Chur, 2000

Galerie Veronika Kautsch, Michelstadt (D), 2001

Die Autoren

Lukas Gloor, *1952, Verfasser von Publikationen zur Rezeption des Impressionismus und zur Geschichte schweizerischer Sammlungen sowie von Künstlermonographien (Welti) und Ausstellungskatalogen (Hodler, Böcklin), Konservator der Stiftung Sammlung E.G. Bührle, Zürich.

Peter Killer, *1945, 1969–1973 Redaktor der Zeitschrift «du», 1973–1992 Kunstkritiker «Tages-Anzeiger», Zürich, 1983–2001 Leiter des Kunstmuseums Olten. Seither publizistische und andere kunstvermittelnde Tätigkeiten.

Dank

Für die Unterstützung dieser Publikation danke ich

der Stadt Langenthal
dem Kunstverein Olten
der Ammann AG, Langenthal
der Galerie 89, Aarwangen
der GEISER agro.com ag, Langenthal
der Adrian Neuhaus AG, Langenthal
dem Notariat Martin Stauffer, Langenthal
dem Amt für Kultur des Kantons Bern
dem Lotteriefonds des Kantons Solothurn
Urs und Renata Baumann, Aarwangen
der Galerie Rigassi, Bern
Gaby Geiser-Arri, Langenthal
Peter Stämpfli, Bern
Christoph Zehntner, Thunstetten

Mein Dank gilt aber auch allen Leihgeberinnen und Leihgebern, die mir ihre Werke zur Abbildung freigegeben haben.

Bibliografische Information Der Deutschen Bibliothek

Die Deutsche Bibliothek verzeichnet diese Publikation in der Deutschen Nationalbibliografie; detaillierte bibliografische Daten sind im Internet über http://www.dnb.ddb.de abrufbar.

Verlag	Stämpfli Verlag AG, Bern
Texte	Lukas Gloor, Kilchberg
	Peter Killer, Olten
Gestaltung	Cornelia Salvisberg Wenger und Peter Sennhauser,
	Stämpfli AG Publikationen, Bern
Fotos	Matthias Kuert, Langenthal
Digitale Daten	Jean-Pierre Wüthrich, Langenthal
	Ast & Jakob, Köniz
Gesamtherstellung	Stämpfli AG Publikationen, Bern

ISBN 3-7272-1096-6

Printed in Switzerland